Sauve qui pou !

Texte de Mymi Doinet
Illustré par Gaëtan Dorémus

Nathan

Tout là-haut, qui joue sur les cheveux de Sara ?

C'est Pablito, le plus petit des poux !

Pablito glisse sur les nattes
de Sara comme sur des toboggans,
et il rigole :

Sara ne s'est aperçue de rien du tout.

Elle chante dans la salle de bains :

Le miroir chuchote à sa petite princesse aux longues tresses :

Dehors, quel froid de canard !
Avant de partir à l'école, Sara met son manteau rouge, et elle couvre sa tête en grelottant :

Dessous, Pablito étouffe
comme dans un chaudron,
et tempête :

Sara rouspète :

En classe, Sara passe sans cesse la main dans ses cheveux.

Ugo, son meilleur copain, la taquine :

Assez de carabistouilles !
À force de se grattouiller la tête,
Sara s'est décoiffée. Les cheveux
tout ébouriffés, elle bougonne :

Ugo rit aux éclats en louchant sur les cheveux en crinière de Sara :

De retour à la maison, Sara se recoiffe en ronchonnant :

Le miroir grimace :
Ah, un pou a fait son nid sur ta tête !

Sara crie :

Le papa de Sara est bien de cet avis :

Sous la douche, Sara fait mousser ses cheveux. Berk ! Ce shampooing anti-pou a une odeur bizarre. Une couronne de bulles sur la tête, Sara marmonne en se bouchant le nez :

Gare à ce shampooing, c'est un vrai poison pour Pablito !

Le petit pou s'écrie, en surfant sur le carrelage mouillé de la salle de bains :

Sauve qui pou !

La tête dégoulinante, Sara s'inquiète :

Le miroir pouffe de rire devant sa petite sirène toute trempée :

Pendant ce temps, dehors, Pablito se précipite dans le salon de coiffure de madame Cindy Bigoudi.

Pablito applaudit :

Youpi ! Ici, une jolie tête va me servir de nid !

Pablito hésite. Va-t-il choisir la barbe de monsieur Barbe bleue ?

Le petit pou s'enfuit :

Puis, Pablito saute sur les frisettes de mademoiselle Boucle d'or. Le petit pou tourne en rond et se perd dans les nœuds blonds :

Dans le salon de coiffure,
Pablito trouve enfin son nid :
il bondit sur les cheveux
tout brillants de gel d'Ugo !

Le lendemain, à l’école, Sara découvre la nouvelle coiffure de son ami :

Ugo est d’accord, mais tout là-haut, ça le grattouille, ça le chatouille !

Dans la collection Petit Tandem

1 A... ami ?
Texte de Didier Lévy
illustré par Céline Guyot

2 Paco, tu m'as volé ma clé !
Texte de Bishop
illustré par Jérôme Ruillier

3 Momo répare les pannes
Texte de Christian Lamblin
illustré par Vincent Bergier

4 Caporal Pipo, salut !
Texte de Arturo Blum
illustré par Christophe Merlin

13 Maman sera ravie !
Texte de Christian Lamblin
illustré par Sébastien Mourrain

14 Je vole comme une patate !
Texte de Didier Lévy
illustré par Anouk Ricard

15 Vite, Rator est là !
Texte de Guy Jimenes
illustré par Isabelle Merlet

16 Kiki sort du nid
Texte de François Fontaine
illustré par Clément Oubrerie

19 J'adore le jus de rat !
Texte de Christian Lamblin
illustré par Ronan Badel

20 L'usine à bisous
Texte de Gilles Massardier
illustré par Emiri Hayashi